Win With Money

Selim B. | Win with Money.

Table des matières

Avant-propos

Introduction

Astuce n°1 : Etablissez un budget 1

Astuce n°2 : Ne dépensez jamais plus que ce que vous gagnez ... 6

Astuce n°3 : Endettez-vous intelligemment, ou pas du tout 9

Astuce n°4 : Diversifiez vos sources de revenus 14

Astuce n°5 : Investissez, investissez et investissez 18

Astuce n°6 : Exploitez la magie des intérêts composés 22

Astuce n°7 : Créez d'urgence, un fonds d'urgence 26

Astuce n°8 : Pensez à votre retraite, dès maintenant................ 30

Astuce n°9 : Optimisez vos impôts 33

Astuce n°10 : Parlez d'argent, sans tabous 36

Conclusion 38

Selim B. | Win with Money.

Avant-propos

La série « ***Win With Money*** » permet, dans un format léger et accessible, de prodiguer des conseils relatifs, à chaque fois, à un sujet important pour chacun de nous, l'argent. Dans un monde de plus en plus connecté, la concurrence à tous les niveaux devient de plus en plus ardue et le besoin de développer ses compétences en permanence devient une discipline vitale pour réussir sa vie.

La série « ***Win With Money*** » a pour but de vous fournir à chaque fois, des conseils pratiques et facilement réalisables, issus de mes propres retours d'expérience et inspirés de différentes lectures que je m'évertuerais à compiler pour vous, à chaque édition.

Bien sûr, cette série n'a nullement la prétention de couvrir de façon exhaustive les sujets qu'elle traite, bien au contraire ; l'idée est de couvrir rapidement et en 10 points, les éléments d'introduction importants à chaque sujet pour, éventuellement, vous donner quelques clés de compréhension et, le cas échéant, la volonté de creuser chaque matière.

Il est important de se rappeler, à l'entame du présent ouvrage, qu'aucune « *recette magique* » n'est applicable de façon uniforme à tout le monde : Lire, analyser, compléter et adapter chacun de ces conseils est donc essentiel pour toute personne souhaitant bénéficier de ces conseils pour s'améliorer et se développer correctement.

Pour finir, je vous souhaite une bonne lecture et vous remercie pour l'attention que vous y accorderez.

Selim B. | Win with Money.

Introduction

Tant il est vrai que « *L'argent ne fait pas le bonheur* », bien gérer votre argent favorise non seulement l'équilibre de vos finances, mais contribue, dans une certaine mesure, à une vie plus heureuse.

En effet, le stress financier résultant d'une mauvaise gestion de votre argent peut affecter votre capacité à prendre de bonnes décisions, nuire à vos relations et affecter votre santé physique et mentale pour finalement vous empêcher de bien fonctionner dans la vie.

La bonne nouvelle, c'est que la gestion de l'argent est une compétence qui s'apprend. Et cette compétence s'apprend même facilement, si tant est que vous soyez capable d'adopter une discipline rigoureuse pour mieux gérer vos finances.

Savoir utiliser son argent est un art — et un art qui vous rémunère à court, moyen et à long terme. Comme n'importe quelle ressource, l'argent peut être utilisé à bon ou à mauvais escient. On peut s'en servir de façon productive, en tirer le maximum — ou on peut le gaspiller pour acheter des conneries inutiles qui seront obsolètes dès que vous les déballerez.

Cet ouvrage a pour but de vous expliquer en 10 points, comment faire bon usage de votre argent pour maximiser son utilité en fonction de vos contraintes et vos objectifs dans la vie. Au-delà de tout, s'il fallait retenir un message principal à l'issue de la lecture de ce livret, c'est « N'ayez plus peur de l'argent ».

En effet, au cours de toutes mes séances de coaching, ce que j'ai pu constater de façon claire et nette, c'est que plus mes clients ont « peur » d'aborder les questions d'argent, moins ils s'en sortent bien avec cette merveilleuse ressource. L'inverse est également vrai : Le point de départ de toute bonne gestion financière consistera donc à dédramatiser l'argent, voire de construire avec ce concept une relation saine et décomplexée.

Les riches ont pratiquement tous une caractéristique commune : Ils comprennent comment fonctionne l'argent. Et, comme toute peur est issue de l'ignorance (pensez au racisme par exemple), il suffit de comprendre pour que, tout à coup, le voile obscur de la peur se lève et que la clarté se fasse.

Les riches l'ont fait, pourquoi pas vous ?

Bien sûr, ce livre ne prétend pas couvrir tous les aspects relatifs à la bonne gestion de vos finances personnelles : Une discipline de chaque instant est sans doute nécessaire mais, à travers 10 astuces simples, ce dernier constituera une bonne première base qui vous permettra de mieux gérer vos finances et de comprendre comment cette chose qui est actuellement source d'angoisse peut devenir votre meilleure alliée.

Astuce n°1 : Etablissez un budget

La plupart des gens ne font pas de budget parce qu'ils estiment qu'ils ne gagnent pas assez d'argent. C'est une monstrueuse erreur car, en réalité, on pourrait dire que c'est l'inverse qui devrait se produire : moins on a d'argent, plus il est nécessaire de budgétiser. Gérer de maigres finances afin de joindre les deux bouts, tout en optimisant ses économies est une tâche titanesque, mais vitale.

Vous devez donc établir un budget, quels que soient vos revenus.

Faire un budget c'est s'armer de volonté pour prendre en main ses finances, savoir où l'on se situe et où l'on va. Il vous permet d'atteindre progressivement vos objectifs. Certains considèrent qu'un budget impose des limites et des restrictions. FAUX !

Les limites, ce sont vos ressources qui vous les imposent. Un budget, au contraire, vous aide à tirer le meilleur parti de ces ressources et surtout, de voir le mouvement qu'effectue votre argent tous les mois.

Et si votre budget vous indique que vous dépensez plus que ce que vous gagnez, ce n'est pas de la faute de ce dernier — c'est la faute des mathématiques !

Il ne faut surtout pas voir le budget comme une source de contraintes, comme le font la plupart des gens. En fait, un budget bien piloté peut même vous donner davantage de marge de manœuvre. Et si votre budget vous donne l'impression de devoir restreindre votre train de vie, alors félicitations : Vous venez de découvrir que vous vivez au-dessus de vos moyens.

Soyons honnêtes, la plupart d'entre nous hésite à abandonner certaines choses ou changer de train de vie (*un appartement plus petit, un quartier moins huppé, une voiture au lieu de deux, …*). Nous vivons souvent cela comme une privation, un marqueur social négatif ou un aveu d'échec. Mais si vous vivez au-dessus de vos moyens, croyez-moi, la réalité des chiffres vous rattrapera inéluctablement. Alors, mieux vaut le savoir plus tôt que plus tard. Il vous sera ainsi plus facile de reprendre les choses en main.

Un budget vous permet d'avoir une meilleure idée d'ensemble. Vous pourrez découvrir des moyens simples de réduire vos dépenses, d'économiser davantage et vous donnera l'impression de devoir atteindre un objectif, ce qui vous facilitera la tâche.

Un budget suppose donc de savoir précisément quels sont vos revenus et quelles sont vos dépenses. Il vous donne une image réelle de votre situation financière, et il devrait vous indiquer clairement si, oui ou non, vous êtes sur la bonne voie pour réaliser vos objectifs à plus long terme.

Si votre budget vous permet de découvrir que vous dépensez 300 Euros par mois de nourriture alors que vous pensiez n'en dépenser que 200, il faut faire quelque chose. Soit vous prenez la décision de dépenser moins dans ce domaine, soit vous augmentez votre budget alimentation, ce qui veut dire que vous retirerez de l'argent d'un autre poste.

N'oubliez pas que les économies sont un revenu que vous vous versez à vous-même : Ce qui va à la consommation n'ira forcément pas à votre épargne, c'est de l'argent « perdu ».

Un budget peut vous permettre d'augmenter vos économies, vos placements et donc, d'être plus à l'aise.

Si vous trouvez difficile de commencer, c'est peut-être précisément que vous avez besoin d'en faire un. Si c'est difficile, c'est soit que vous ne voulez pas savoir, soit que vous êtes tellement désorganisé(e) qu'il vous faudra du temps pour mettre les choses en place. Si tel est le cas, ne remettez pas à plus tard ; c'est maintenant qu'il faut commencer.

Pour vous faciliter la tâche, j'ai compilé pour vous 10 conseils pour établir facilement et tranquillement votre discipline budgétaire :

1. Faites-vous un budget souple et dynamique.

La vie est pleine d'aléas et les choses changent constamment, que ce soient vos dépenses ou vos revenus. Il faudra donc adapter votre budget à ces changements.

2. Votre budget doit être simple.

Rien ne vous découragera plus vite qu'un budget compliqué qui exige beaucoup de travail. Certains logiciels sont utiles mais souvent, un simple tableur sur Excel peut faire l'affaire.

3. Soyez honnête et réaliste.

Si vous n'êtes pas honnête vis-à-vis de vous-même en le préparant, vous ne tromperez que vous. Soyez réaliste et transparent sur vos dépenses, ce qu'il faudra laisser tomber, ce dont il faudra vous passer, et ce que vous pourrez faire passer d'un poste à l'autre si vous souhaitez faire des économies.

4. Tenez bien vos dossiers.

C'est essentiel pour bien gérer ses finances. Vous serez surpris lorsque vous verrez combien de temps l'on gagne lorsqu'on sait où sont nos documents importants (*contrats, documents de la banque, dossiers d'assurance, etc…*).

5. Payez-vous avant les autres !

Autrement dit, mettez de côté une partie de vos revenus, systématiquement. Votre budget ne sera pas vraiment utile s'il ne vous permet pas de faire des économies. En général, je vous conseille de commencer par l'essentiel, c'est-à-dire votre logement, vos frais de vie (électricité, eau, gaz), votre nourriture et votre transport. Une fois un budget alloué à ces priorités vitales, mettez tout de suite de l'argent dans votre épargne (10% au minimum)… et dépensez ce qui reste.

6. Amusez-vous avec votre budget.

Ne vous attendez pas à ce qu'il fonctionne bien du premier coup. Tracez vos dépenses (*dans un carnet, sur Excel, …*) pour bien savoir ce que vous faites de votre argent, puis ajustez votre budget en conséquence.

7. Soyez prêt à faire des concessions et des sacrifices.

Faire des efforts aujourd'hui pour pouvoir vous offrir ce que vous voulez demain.

8. Prévoyez l'imprévu.

Pourquoi ? Parce qu'il se présentera toujours des surprises.

9. Récompensez-vous !

Si votre budget fonctionne bien, n'hésitez pas à vous offrir un petit plaisir (*raisonnable, bien sûr*). Encore une fois, l'idée n'est pas de nourrir des frustrations, mais plutôt d'être discipliné.

10. Prévoyez dans votre budget les dépenses annuelles.

L'assurance de la voiture, les cadeaux d'anniversaire, … Nous avons tous des dépenses qui reviennent chaque année. Ne vous laissez pas prendre de court et anticipez ces dépenses.

Astuce n°2 : Ne dépensez jamais plus que ce que vous gagnez

Certes, cela vous paraît évident n'est-ce pas ? La plupart des gens trouvent cette idée tout à fait rationnelle puisque l'on ne peut, en théorie, dépenser de l'argent que l'on n'a pas.

Cependant, sachez que la plupart des gens n'arrivent pas à appliquer cet axiome très simple. La raison à cela est que le système économique moderne dans lequel nous vivons le permet…pire, il l'encourage !

Vous pouvez, par exemple, acheter un canapé à crédit, une voiture à crédit, des vacances à crédit… et les marketeurs rivalisent d'ingéniosité pour vous proposer, encore et toujours, des formules d'achat attrayantes. Dans certains pays comme les USA, les cartes de crédit font fureur puisqu'elles permettent d'acheter en quasi-totale liberté et indépendamment de ce que chaque personne a dans son compte !

Ainsi, vous pouvez tout à fait acheter le tout dernier iPhone pour quelques centaines d'Euros alors que votre compte en banque affiche « 0 » !

Cette pratique est déjà toxique, mais elle vous pénalise doublement puisque, pour pouvoir faire ce genre de folies, vous allez devoir payer des intérêts (cachés) : Au final, vous avez acheté un plaisir éphémère, sans en avoir la possibilité, au détriment de choses plus importantes, et vous l'avez payé BEAUCOUP PLUS CHER ! Avouez que ce n'est pas malin.

Maintenant que vous êtes conscients de cette folie, vous avez décidé que vous en aviez assez de ne pas pouvoir joindre les deux bouts tous les mois.

Encore mieux, vous ambitionnez de devenir riche, à l'abri des inquiétudes financières, et sans dettes. Bonne nouvelle : C'est possible. Seulement vous savez que pour arriver à vos fins, le principe de base est de dépenser moins que ce que vous gagnez. La conséquence de cette excellente décision et qu'il vous faut apprendre à économiser dans votre vie de tous les jours.

Le réflexe que j'observe chez la plupart des gens que je rencontre est le suivant : La plupart des personnes dépensent ce qu'elles gagnent et, une fois toutes les dépenses faites, dans les rares cas où il reste quelque chose, elles se mettent à économiser/épargner. La logique des personnes riches, ou du moins de celles qui sont bien éduquées financièrement, est simplement le contraire ! Economiser et faire fructifier votre argent doit devenir VOTRE PRIORITE ABSOLUE.

Consommer des bêtises périssables doit venir après.

Alors, pour économiser, faut-il être radin ? La réponse est NON. Être considéré comme un pingre, un radin ou un avare pourrait nuire à vos rapports avec vos proches ou vos collègues. Par contre, être frugal ou sobre est certainement une qualité nécessaire, surtout dans les temps difficiles que nous vivons.

Quelle est la différence majeure entre avarice et frugalité ?

L'avarice est un « état d'esprit qui consiste à ne pas vouloir se séparer de ses biens et richesses », c'est accorder une extrême importance aux possessions matérielles jusqu'à en devenir l'esclave quotidien. Inutile de dire qu'une personne avare devient immédiatement détestable aux yeux de son entourage. Être frugal en revanche, c'est adopter un mode de vie moins dépendant de l'argent et des choses matérielles qui vise à satisfaire ses vrais besoins, c'est-à-dire tracer la ligne entre ses besoins et ses désirs.

En d'autres termes il n'y a pas de mal à être frugal, bien au contraire. Cela se traduit par une conscience profonde de ce qui nous entoure, et un désir d'améliorer les choses. Et cela correspond nécessairement à mener une vie sobre, avec l'avantage indéniable que cela se traduit positivement sur votre portefeuille.

Être frugal, cela signifie entre autres que vous prenez de sages décisions financières, et que vous vous posez la question vitale que la plupart des gens oublient avant d'utiliser votre carte bancaire : *Ai-je réellement besoin d'acheter cela ?*

La frugalité est une philosophie de vie que l'on choisit pour vivre en dessous de ses moyens, alors que l'avarice est le moyen utilisé pour qu'autrui participe à sa propre frugalité. L'idée derrière la frugalité est de consommer moins, de dépenser moins, et surtout, de vivre « MIEUX ». Être frugal, c'est donc l'opposé d'être dépensier. Une personne frugale par définition n'est pas impulsive. Le dépensier va au contraire agir (et donc dépenser) sous l'effet d'impulsions totalement irrationnelles.

Astuce n°3 : Endettez-vous intelligemment, ou pas du tout

Shakespeare disait : « *Ne soyez ni emprunteur, ni prêteur* ».

De nos jours, peu de gens suivent ce conseil puisqu'il est extrêmement facile d'emprunter. L'une des façons de le faire est d'utiliser une carte de crédit. C'est un moyen aisé d'effectuer un paiement grâce à un crédit qui a été, au préalable, autorisé par l'émetteur de la carte. L'établissement financier a déjà une « limite » qui représente le crédit maximal auquel vous avez droit. Une carte de crédit est donc un moyen d'utiliser de l'argent pour faire des achats. Le fait est que lorsque vous vous servez de votre carte, un établissement vous fait crédit pour un achat, ce qui veut dire, bien entendu, que vous contractez un emprunt et que vous vous endettez. Il faudra donc rembourser votre dette, et cela peut éventuellement entraîner le paiement d'intérêts.

Evidemment, s'endetter peut souvent nous permettre d'accéder à des biens que nous n'aurions pas pu nous offrir, en temps normal. Cependant, il ne s'agit pas ici du dernier téléphone à la mode ou du sac Gucci hors de prix, je parle ici de choses importantes et utiles : Une maison, une excellente éducation pour vos enfants, etc…

Pour ces dépenses importantes, s'endetter peut être une bonne solution. C'est une sorte d'épargne forcée dont l'engagement est long (*10 ou 15 en général*) et qui doit être bien gérée dès le départ.

Ainsi, la somme de vos dettes comprend l'ensemble des dettes du ménage (*hypothèque, prêts auto, prêts étudiants, cartes de crédit etc.*) De cette somme, une certaine partie est composée de bonne dette comme l'hypothèque, qui constitue un investissement. L'autre partie, quant à elle, est constituée de mauvaises dettes ce qui inclus tout ce qui est dépréciatif comme une voiture ou des dépenses sur votre carte de crédit.

Julie Pombert, directrice des programmes financiers à la Banque Nationale du Canada explique que souvent les gens s'endettent à cause d'une méconnaissance de la gestion financière équilibrée. Selon elle, la clef serait l'éducation.

Ainsi, il est conseillé de bien gérer son endettement selon ces 8 principes :

1. Commencez dès maintenant

Plus vous attendez avant de créer votre plan de remboursement de dettes, plus la dette grandira. Puisque ces intérêts s'accumulent, le coût réel de votre achat augmentera. Commencez dès maintenant à rembourser vos dettes pour ne pas payer des frais qui auraient pu être évités.

2. Gardez un œil sur vos dépenses quotidiennes

Si votre train de vie ne vous permet pas de rembourser ne serait-ce que le paiement minimum de vos dettes, il faudrait revoir vos habitudes. Prenez le temps de réfléchir à des façons de réduire vos dépenses au quotidien. Pour vous aider, notez tout ce que vous achetez pendant un mois, et vous verrez à la fin ce qui pourrait être modifié.

En plus de faire le suivi serré de vos achats quotidiens, il y a aussi une liste de choses que vous pourriez considérer pour réduire pour dépenses.

- Négocier et comparer les services que vous payez mensuellement comme les assurances, les services de télécommunications ou les paiements de votre voiture
- Apporter vos repas au bureau plutôt que de manger au restaurant
- Privilégier les transports en communs plutôt que la voiture
- Eviter les dépenses non planifiées
- Arrêter de fumer
- Faire une liste de courses avant d'aller à l'épicerie pour n'acheter que ce dont vous avez besoin
- Opter pour les marques maison en épicerie
- Réparer les objets lorsqu'ils sont brisés plutôt que de les remplacer
- Installer des thermostats intelligents pour économiser sur les coûts de chauffage
- Profiter des soldes pour refaire sa garde-robe

3. Évitez les formules « achetez maintenant, payez plus tard »

Selon Julie Pombert, pour éviter les dettes, il est préférable de se tenir loin des formules de paiement « *achetez maintenant, payez plus tard* ». Souvent ces promotions ont pour effet de donner l'impression aux acheteurs qu'ils ont de l'argent qu'ils ne possèdent pas. Les consommateurs dépensent donc plus que ce que leurs moyens leur permettent, ce qui ajoute aux dettes.

4. Remboursez toujours le minimum de chacune de vos dettes

Les conséquences reliées à l'oubli de paiement minimum sur vos dettes sont bien plus importantes que seulement l'augmentation de la dette. Omettre de payer le solde minimum de sa carte de crédit à répétition peut sérieusement nuire à votre cote de crédit, ce qui veut dire que vous aurez plus de difficulté à faire des emprunts à l'avenir.

5. Remboursez de plus gros montants sur les dettes à intérêts élevés

Priorisez les dettes ayant les plus hauts taux d'intérêt. Vous éliminerez donc les dettes qui vous coûtent le plus cher en intérêt ce qui diminuera plus rapidement le montant que vous devez globalement. Julie Pombert explique qu'en agissant de la sorte, vous récupérerez votre capacité monétaire, ce qui veut dire que vous aurez plus d'argent à mettre sur vos autres dettes.

6. À taux d'intérêts équivalents, priorisez les dettes de moindre valeur

C'est simplement pour une question de motivation. À intérêts équivalents, vous devriez mettre l'emphase sur la dette qui représente le plus petit montant. Voir vos dettes disparaître vous motivera et vous pourrez ensuite vous attaquer aux plus gros morceaux. Aussi, fermer une dette est bon pour votre dossier de crédit.

7. Considérez le prêt de consolidation

Un prêt de consolidation est un prêt accordé par votre institution financière vous permettant de rembourser l'ensemble, sinon la majorité, de vos dettes. Cela permet de centraliser la somme à payer pour ne pas oublier de paiement, mais l'avantage premier est que le taux d'intérêt d'un taux de consolidation est souvent moins élevé que celui des cartes de crédit. Il faut par contre agir vite si vous n'êtes plus capable de payer vos dettes, car une mauvaise cote de crédit nuira à vos chances d'obtenir un prêt de consolidation.

8. Bâtissez un plan de remboursement personnalisé

La meilleure manière d'obtenir un plan de remboursement personnalisé est d'en parler avec votre conseiller banquier. Il pourra vous guider dans l'atteinte d'objectifs réalistes le plus rapidement possible.

Astuce n°4 : Diversifiez vos sources de revenus

Sachez-le dès maintenant : Une des erreurs les plus fâcheuses que vous pouvez faire au cours de votre vie serait de systématiquement vous appuyer sur une seule et unique source de revenu.

Pourquoi ? Simplement parce que 1 – 1 = 0 !

Je m'explique …

La plupart de gens à travers le monde cherchent un travail et y consacrent environs 8 heures par jour en contre-partie d'un salaire à la fin du mois. Et, avouons-le, ce petit chèque à la fin du mois nous procure le sentiment (irrationnel) qu'il ne s'arrêtera pas d'arriver tant que nous faisons du bon boulot.

Résultat des courses, la plupart des gens veulent travailler de plus en plus dur, satisfaire au mieux aux exigences de leur poste et courir après la promotion (*généralement, une augmentation de 3 à 5%, à peine de quoi récupérer l'érosion inflationniste que notre argent subit, de facto*).

Seulement le problème, c'est qu'un beau matin, votre manager vous convoque dans son bureau, la mine basse et l'œil fuyant, et vous annonce que le conseil d'administration a décidé de supprimer votre poste. Ce même manager vous dira, à juste titre, que vous avez toujours fait un excellent travail et que vous êtes quelqu'un d'exceptionnel mais qu'il serait agréable pour lui que vous dégagiez votre merdier dans les plus brefs délais, sans demander votre reste (*J'ai vécu précisément cette situation et je ne vous la souhaite pas*).

Et voilà que du jour au lendemain, vous passez de (1) (*votre salaire que vous croyiez éternel*) à (0) (*Rappelez-vous la formule mathématique magique 1 – 1 = 0*) !

Les heures supplémentaires que vous avez passées au boulot, les week-ends sacrifiés et le stress que vous avez subi pendant tout ce temps ne vous ont jamais protégé contre une telle éventualité et vous êtes aujourd'hui au chômage. Vos dépenses, elles, n'ont malheureusement pas disparu et votre proprio viendra dans quelques jours réclamer son loyer, votre supermarché ne vous autorisera pas à prendre des fruits et des légumes sans payer et la crèche de vos enfants n'hésitera pas à refuser votre petit à l'entrée si vous n'avez pas payé les cotisations nécessaires.

Heureusement, ce scénario catastrophe peut aisément être évité si vous comprenez très rapidement qu'il vous faut plus d'une source de revenus de façon à ce que notre formule passe de *1 – 1 = 0* à *(1 + x) – 1 = x*.

Vous aurez remarqué que notre nouvelle formule inclut toujours notre (1) initial : Je ne voudrais certainement pas vous poussez à croire que votre travail salarié ne doit pas représenter une de vos principales priorités, loin de là !

Seulement, vous devez maintenant vous occuper du fameux (x) qui doit, dans la mesure du possible, grandir et grandir encore et encore. Et ce fameux (x) peut représenter une ou plusieurs nouvelles sources de revenus, idéalement 2 ou 3, selon la plupart des experts en finances personnelles.

En tant que salarié, il est généralement possible de cumuler son emploi principal avec une autre activité (*des missions de conseil, des formations, etc...*) et si votre contrat de travail principal vous le permet (*obligation de loyauté, clause d'exclusivité...*).

Ainsi, vous aurez créé deux sources de revenus actifs :

- Le salaire, celui que vous obtenez en échange du travail que vous fournissez dans l'entreprise dans laquelle vous êtes embauché.
- Le revenu alternatif, qui lui correspond aux activités que vous faites en parallèle pour arrondir les fins de mois en tant qu'auto-entrepreneur par exemple.

Le point commun de ces revenus dits « *actifs* » est qu'ils s'obtiennent en échange de votre temps de travail. Autrement dit, pour gagner plus, vous devez travailler plus. Si vous vous arrêtez de travailler, vous ne percevrez plus ce revenu.

Le revenu passif, quant à lui, est complètement décorrélé de votre temps, c'est de l'argent que vous touchez par rapport à vos investissements (*immobiliers, boursiers, etc.*), à vos créations (*livres, ebooks, musique, logiciel, etc.*) ou toutes autres choses n'entrainant aucun lien direct entre votre temps et votre argent. Ainsi, le revenu passif sera appelé:

- Revenu de portefeuille, s'il provient des marchés boursiers,
- Revenu sans exploitation active, s'il trouve son origine dans l'immobilier, des brevets, des droits d'auteur, etc.

Pour simplifier, la technique que je vous recommande pour grossir votre (x) est de consolider vos sources de revenus actifs

(*Un bon emploi et des revenus alternatifs à l'occasion*) pour libérer un certain excédent de trésorerie. Cet excédent de trésorerie, investissez-le dans des sources de revenus passifs. Exprimé plus simplement, achetez des Actifs, ou, comme dirait Robert Kiyosaki :

« *L'une des clés de l'enrichissement consiste à convertir le revenu gagné en revenu de portefeuille ou en revenu sans exploitation active avec le plus de rendement possible* ».

Astuce n°5 : Investissez, investissez et investissez

Comme l'a dit J.H. Morley : « *Lorsque vous placez de l'argent, le montant de l'intérêt dépendra de votre préférence : voulez-vous bien manger, ou bien dormir ?* »

Cette maxime souligne le fait que placer son argent est une opération lucrative mais risquée, avec un arbitrage évident et systématique entre « *rendement* » et « *risque* ». C'est une loi universelle en finances : Plus vous êtes prêts à prendre des risques (mesurés), plus la probabilité que vous puissiez gagner de l'argent augmente.

Investir, c'est faire travailler votre argent à votre place. Oui, c'est magique, mais contrairement au travail qui nécessite de votre part de fournir un effort et de consacrer du temps pour être payé, investir c'est mettre ses économies au travail pour que cet argent se multiplie !

L'objectif premier d'un investissement c'est donc de placer aujourd'hui l'argent dont vous n'avez pas besoin. Ainsi, cet argent peut vous rapporter à l'avenir et vous permettre de réaliser vos objectifs (*Acheter sa maison, préparer sa retraite, payer la Grande Ecole aux enfants, etc…*).

D'aucuns pourrait se poser la question suivante : « *Pourquoi ne puis-je pas stocker mon argent chez moi, sous le matelas, ou à la banque ? L'argent est là, je le vois et je ne me fais aucun souci* ».

La réponse à cette question est simple : Ce qui menace le plus la valeur de votre argent, c'est l'inflation. Cette dernière attaque la valeur et le pouvoir d'achat de l'argent de sorte que, systématiquement, l'unité monétaire d'aujourd'hui est moins « *puissante* » que celle de demain. Demandez à vos parents combien leur a coûté leur maison acheté il y'a 30 ans et vous verrez à quel point l'inflation affaiblit notre argent !

Ainsi, l'un des objectifs d'un placement est de protéger la valeur de votre argent contre l'inflation, c'est-à-dire, le renforcer (idéalement) plus fort que ce que l'inflation l'affaiblit dans le temps.

Il existe, en gros, deux formes de placement. La première est un placement direct dans une activité quelconque — pour prendre littéralement une part dans la propriété de l'entreprise ; c'est ce qu'on appelle un « titre de participation ». La seconde est un simple prêt porteur d'intérêt ; c'est ce qu'on appelle un « titre de créance ».

Nous donnons ci-dessous quelques types de placements qui tombent dans ces deux catégories.

Dans les titres de participation, nous trouvons :

- les actions,
- l'immobilier,
- certains fonds mutuels,
- les objets de collection (peintures, bijoux, voitures).

Dans les titres de créance, nous trouvons :

- les comptes d'épargne,
- les dépôts à terme,
- les assurances,

- les obligations garanties et non garanties,
- les hypothèques,
- certains fonds mutuels,
- les bons du Trésor

Ne soyez jamais impressionnés par l'apparente « complexité » de ces produits de placements, ce ne sont que des concepts que vous allez comprendre au fil du temps. Le meilleur moyen d'appréhender ces produits est de consulter votre banquier ou (mieux) votre conseiller en gestion de patrimoine : Ce dernier vous administrera un petit questionnaire afin de dresser votre « profil d'investisseur » et de savoir quel degré de risque vous êtes enclin à prendre.

Sachez également que le risque que l'on prend est, évidemment, l'un des premiers critères à envisager. Ne faites pas d'investissements risqués s'ils sont, pour vous, source d'anxiété — ou si vous n'acceptez pas l'idée de perdre, au moins à court terme. Il est important de noter ici le lien entre la « *variabilité* » d'un placement et le temps dont vous disposez.

Comme nous l'avons vu dans le chapitre relatif à la fixation de vos budgets et objectifs, le temps dont vous disposez, c'est la durée au terme de laquelle vous aurez besoin de l'argent placé. En aurez-vous besoin dans trois ans, dans cinq ans, dans dix ans, dans vingt ans, vingt-cinq ans ou plus ?

Cette durée dépendra des objectifs que vous vous êtes fixés et de l'utilisation que vous ferez des fonds investis — *études, formation, maison, enfants, voyages, retraite, etc.*

Je vous conseille également de diversifier votre portefeuille d'investissements, c'est-à-dire d'y inclure différents types de placements. Cela vous permet d'équilibrer les risques et les rendements. Vous pourrez ainsi avoir des placements à très haut risque (*dont le rendement potentiel est très élevé*), d'autres à risque modéré, et d'autres encore à faible risque. Pour diversifier un portefeuille, vous pouvez aussi faire des placements dans différents pays (et/ou différents secteurs). Vous pourrez ainsi avoir des placements canadiens, américains, asiatiques, européens, etc. Pourquoi s'y prendre ainsi ? Parce que si, au Canada, le marché fléchit, en Asie il pourra être à la hausse. Ainsi, vos placements s'équilibreront, ce qui réduira vos risques de perte.

Mon dernier conseil est inspiré d'une sagesse de Warren Buffet, sans doute l'une des plus célèbres légendes du monde des Finances qui soulignait l'importance d'être patient. En effet, les études empiriques ont montré que les portefeuilles « *buy & hold* » tenus pendant de longues périodes performaient beaucoup mieux que ceux que l'on faisait tourner de façon fréquente.

L'idéal (*dans la plupart des cas*) est de sélectionner des actions dans des entreprises solides et de tenir vos positions sur des périodes relativement longues, plutôt que d'acheter-vendre tous les jours, toutes les semaines voire tous les mois.

Astuce n°6 : Exploitez la magie des intérêts composés

Le principe des intérêts composés, huitième merveille du monde selon *Einstein* est le suivant : Vous investissez de l'argent qui vous rapporte des intérêts. Si vous réinvestissez ces intérêts, alors ils vont à leur tour produire des intérêts qui vont eux même produire des intérêts. La magie c'est que les intérêts se multiplient selon une fonction exponentielle. Et au bout d'un certain temps, les intérêts des intérêts deviennent plus importants que les intérêts de votre argent de départ.

Vous avez purement et simplement créé de l'argent, sans rien faire !

Le pouvoir des intérêts composés vous permet de vraiment faire fructifier votre argent et de le voir s'accumuler. Lorsque vos économies produisent des intérêts, ceux-ci s'ajoutent au capital pour produire de nouveaux intérêts et ce montant est composé mensuellement. Plus les taux d'intérêt sont élevés, plus votre argent fait des bébés !

Par exemple : Si vous épargnez 200 Euros par mois pendant 35 ans à un taux d'intérêt de 3 %, vous n'accumulerez que 148 680 Euros. À un taux d'intérêt de 6 %, vous accumulerez 286 370 Euros. Un taux d'intérêt de 12 % portera vos économies à un total de 1,3 million d'Euros !

Plus vite vous commencez à épargner, plus votre argent bénéficie du pouvoir des intérêts composés.

Pourquoi ?

En raison de l'accroissement de la base d'épargne à laquelle s'applique le taux de rendement, votre gain augmente chaque année. C'est là la beauté de l'intérêt composé – les gains d'une période génèrent des gains additionnels dans les périodes subséquentes. En augmentant les montants investis et en prolongeant la période d'investissement, les avantages de l'intérêt composé s'accentuent davantage.

Le temps est l'élément clé dans la magie de l'intérêt composé. Et voilà, d'une certaine façon, la magie réside plus dans le fait de prendre les moyens pour commencer à épargner et à maintenir cette approche sur une période prolongée. C'est une bonne nouvelle pour les jeunes investisseurs qui n'ont peut-être pas beaucoup d'argent, mais qui ont l'avantage d'avoir un horizon de placement considérable devant eux. Plus vous disposez de temps, meilleures sont les chances que les gains tirés de l'intérêt composé rehausseront votre placement initial, ce qui constitue un scénario idéal.

Comme l'indique la règle de 72, un placement de 5 000 Euros à un taux annuel de 8 % doublera en valeur en seulement neuf ans, ce qui n'est pas mauvais du tout. Mais encore une fois, qu'est-ce que vous pouvez vous offrir aujourd'hui avec 10 000 Euros ? C'est un montant bien maigre pour prendre une retraite. Toutefois, attendez 45 ans et cette économie initiale de 5 000 Euros aura gonflé à environ 160 000 Euros. C'est un profit de 155 000 Euros pour n'avoir rien fait d'autre que de faire preuve de patience.

La magie des intérêts composés permet donc à l'investisseur patient de se constituer un capital important avec un faible capital de départ. A partir d'un moment, les intérêts vont même dépasser le capital investi !

Bien sûr, le rythme de croissance de votre placement s'accélèrera uniquement si vous épargnez constamment. La différence entre une cotisation unique et investir régulièrement est énorme à long terme.

Par exemple, si vous êtes en mesure d'épargner 5 000 Euros annuellement à un taux d'intérêt de 8 %, vous auriez déjà accumulé 160 000 Euros après 16 ans seulement, ce qui aurait pris trois fois plus de temps pour une cotisation unique de 5 000 Euros. Avec des cotisations récurrentes de 5 000 Euros durant 45 ans, vous seriez millionnaire et votre compte indiquerait un solde de plus de 2 millions d'Euros. Il faudrait presque deux fois plus de temps – environ 78 ans – pour atteindre ces 2 millions d'Euros avec un placement unique de 5 000 Euros.

Peu importe votre stratégie d'épargne, la constitution d'un patrimoine considérable est toujours une entreprise à long terme. Le temps est votre meilleur allié et cela signifie que vous ne réaliserez pas vos objectifs d'épargne en un seul jour. Votre autre meilleur allié, c'est vous. Avant que l'effet exponentiel de l'intérêt composé prenne les commandes, vos économies personnelles sont la principale source de croissance.

Pour illustrer ces propos, voici comment un placement de 5 000 € chaque année peut croître avec le temps selon différents taux de rendement annuels :

Années	5 %	10 %	15 %	20 %
5	29 010 €	33 578 €	38 769 €	44 650 €
10	66 034 €	87 656 €	116 746 €	155 752 €
20	173 596 €	315 012 €	589 051 €	1 120 128 €
30	348 804 €	904 717 €	2 499 785 €	7 091 289 €
45	838 426 €	3 953 977 €	20 614 489 €	109 687 860 €

Alors, convaincus ? Il ne vous reste plus qu'à commencer dès à présent en gardant à l'esprit ces 3 règles de base. Pour exploiter ce phénomène au mieux, il faut:

- Épargner tôt et laisser les intérêts faire des petits,
- Épargner régulièrement, notamment via des virements automatiques,
- Limiter les risques de pertes de votre capital.

Astuce n°7 : Créez d'urgence, un fonds d'urgence

Que dire pour vous convaincre de l'importance de mettre de côté l'argent nécessaire pour braver les tempêtes? Une chose est sûre, si vous êtes prévoyant et avez patiemment constitué un fonds d'urgence, votre degré de stress sera beaucoup moins élevé lorsque vous aurez à vous sortir d'une situation difficile.

N'oubliez pas qu'avoir de l'argent, c'est avoir la possibilité de faire des choix.

Et pour constituer votre fonds d'urgence, la première étape consistera à déterminer vos dépenses essentielles.

Dressez d'abord la liste de vos dépenses essentielles: le loyer ou l'hypothèque, les impôts, l'assurance de votre automobile ou le transport en commun, les paiements minimaux sur les dettes, la nourriture, les frais médicaux, la garderie pour les enfants, etc… Vous saurez ainsi exactement combien d'argent vous devrez accumuler pour assurer votre subsistance et celle de votre famille.

Si vous disposez de deux revenus, déterminez la proportion de vos besoins essentiels qui est couverte par le revenu le moins élevé. Par exemple, si celui-ci couvre 40% des besoins essentiels de la famille et si le conjoint qui gagne le salaire le plus élevé perd son emploi ou tombe malade, vous devrez trouver les 60% restants. Bien sûr, si vous avez tous les deux le même employeur ou travaillez dans le même domaine, votre réserve doit être plus importante, car vous pourriez perdre votre emploi simultanément.

Quand vous calculez le montant que vous devez accumuler dans votre fonds d'urgence, tenez compte de toutes les prestations auxquelles vous seriez admissible en cas de perte d'emploi ou de maladie. Par exemple, s'il vous faut 5000 Euros pour combler vos besoins essentiels chaque mois et si le total des prestations auxquelles vous auriez droit advenant une perte d'emploi ou une maladie est de 2600 Euros, vous devrez avoir accès, chaque mois, à 2400 Euros dans votre fonds d'urgence.

La 2ème étape consiste à ouvrir un compte pour votre fonds d'urgence.

Lorsque vous établissez votre fonds d'urgence, choisissez le type de compte qui vous convient, puis orchestrez des transferts automatiques depuis votre compte courant. L'automatisation des transferts mensuels vers ce compte vous forcera à épargner et je vous conseille vraiment d'oublier ce compte !

Évitez les comptes d'investissement comme les comptes portefeuille, dont le rendement est déterminé par la performance des marchés. Après tout, vous travaillez fort pour l'argent que vous gagnez, et cette épargne doit en retour travailler pour vous. Pourquoi courir le risque que la valeur de votre compte ait diminué de moitié au moment où vous en aurez besoin? L'argent qui est dans votre fonds d'urgence doit être accessible en tout temps et investi dans un véhicule financier sûr. Vous subirez une légère destruction de valeur due à l'inflation mais votre argent sera très liquide, c'est-à-dire que vous pourrez le retirer dès que vous en aurez besoin. C'est le but recherché.

Ce fonds d'urgence est votre coussin de sécurité, je vous conseille donc d'y penser immédiatement.

Le montant que vous épargnez pour votre fonds d'urgence importe peu (quoi que) : ce qui compte, c'est de commencer maintenant, même si vous n'y versez que 20 Euros par paye. Fixez-vous par exemple un objectif de 500 Euros et, lorsque vous y serez parvenu, visez 1000 Euros. Une fois votre compte ouvert et vos premières contributions déposées, vous trouverez le moyen d'y investir.

Maintenant que vous avez commencé à épargner 20, 50 ou 100 Euros par paye pour constituer votre fonds d'urgence, vous devez persévérer: votre objectif est d'accumuler assez d'argent pour tenir six mois, et vous devez y parvenir dans des délais raisonnables.

Une des meilleures façons de vous assurer que l'argent continue de s'accumuler dans votre compte d'urgence est de demander à votre employeur de prélever directement votre contribution à chaque paye. C'est un moyen infaillible, surtout si vous êtes du genre à manquer de discipline. La plupart des employeurs acceptent de prélever l'argent de cette manière et de le placer dans le compte de votre choix. Ainsi, vous vous protégez contre vous-même.

Une autre façon de vous constituer un fonds d'urgence est d'analyser votre budget et de déterminer un poste dans lequel vous pouvez réduire vos dépenses. Par exemple, pourquoi n'apporteriez-vous pas votre déjeuner au bureau plutôt que de manger au restaurant? Placez ensuite l'argent ainsi épargné dans votre réserve. Nous sommes tous capables de diminuer nos dépenses. Certains réduiront leur consommation de café, d'autres cesseront de fumer ou d'acheter des magazines, d'autres encore choisiront un forfait télé moins coûteux. Nous avons tous nos petits «vices», et nous en priver n'est pas si dramatique.

Une fois votre objectif de collecte atteint, dites-vous que votre fonds d'urgence est sacré !

Vous ne devez puiser dans votre réserve que lorsque vous êtes dans une situation vous empêchant réellement de combler vos besoins essentiels à court terme. Si vous en retirez de l'argent à la moindre occasion, vous jouez un jeu dangereux auquel vous serez perdant. Si vous pensez que vous n'aurez pas la discipline requise pour respecter la raison d'être de votre fonds d'urgence, trouvez une façon de vous en bloquer l'accès.

Astuce n°8 : *Pensez à votre retraite, dès maintenant*

Si vous êtes encore relativement jeune, la perspective de votre retraite vous semble sans doute lointaine. Vous avez vraisemblablement l'impression que le présent et les quelques années à venir vous proposent suffisamment de défis sur lesquels concentrer votre attention. Si tel est le cas, cette attitude va à l'encontre d'une planification financière sérieuse. Celui ou celle qui planifie ses finances avec sagesse garde un œil sur le présent, un autre sur l'avenir proche, et un troisième sur l'avenir plus lointain.

Un jour, cet avenir plus lointain sera le présent, et « ce présent » de votre avenir sera probablement meilleur si vous le prévoyez La retraite, cela se prépare dès le début de la vie active. Il ne s'agit pas simplement d'épargner en vue de ce moment important, mais aussi de se maintenir informé de sa situation. La plupart d'entre nous connaissent une baisse importante de revenus à la retraite et se retrouvent face à de très mauvaises surprises.

Pourquoi ? Simplement parce que d'une part, l'argent que nous avons « stocké » perd de sa valeur au fil des années et que, d'autre part, les caisses de retraite rémunèrent de moins en moins correctement les retraités.

La problématique du financement des retraites n'est pas nouvelle, mais elle se complique année après année. Les déséquilibres démographiques engendrés par l'augmentation de l'espérance de vie et une entrée plus tardive sur le marché du travail sont accentués par des carrières de moins en moins linéaires.

En conséquence, les taux de remplacement proposés aux générations actuelles et futures sont plus bas que ceux obtenus par les générations précédentes. Ils sont aussi très variables selon la situation professionnelle du travailleur partant à la retraite. Plus que jamais, vous devez vous soucier de préparer votre retraite en organisant votre patrimoine de telle manière que celui-ci produise une rente complémentaire à la retraite versée par les régimes obligatoires.

Le taux de remplacement est le rapport entre le montant de la retraite à percevoir et la dernière rémunération perçue en activité. Le taux de remplacement s'exprime en pourcentage. Exprimé plus simplement, le taux de remplacement se traduit par l'impact de votre départ en retraite sur votre niveau de vie, par rapport à votre dernier revenu.

Par exemple, votre taux de remplacement sera de 71 %, si votre revenu professionnel était de 2 100 € l'année de votre départ en retraite et que le montant de votre pension de retraite est de 1 500 €.

Ce taux de remplacement varie selon l'évolution de votre salaire tout au long de votre carrière, votre durée de cotisation retraite et vos conditions de départ en retraite.

En matière d'épargne, plusieurs alternatives s'offrent aux particuliers souhaitant se constituer un capital. La plupart de ces solutions prévoit un blocage des fonds pour une période donnée ou jusqu'à la retraite.

Par exemple, les Plans d'Epargne Retraite qui existent pratiquement dans tous les pays (*et peuvent avoir des appellations différentes*). Un plan d'Epargne Retraite permet de constituer une épargne qui sera bloquée jusqu'à la retraite du souscripteur. Les versements sont libres et peuvent être effectués chaque mois, trimestre ou année selon les préférences. Les sommes épargnées seront versées sous forme de rente viagère, c'est-à-dire une somme d'argent qui sera perçue jusqu'à la mort du bénéficiaire.

Un autre exemple très prisé, l'assurance-vie. Cette solution permet en effet d'épargner sur le long terme, par exemple pour sa retraite, et bénéficie d'une fiscalité relativement avantageuse. Si le souscripteur peut placer son argent sur un fond en euros sans risque et avec un rendement garanti, il peut aussi opter en complément pour des placements sur des unités de comptes (actions, obligations, parts immobilières) afin de faire fructifier son argent. Ces placements sont plus risqués mais potentiellement plus rémunérateurs. Au moment de la retraite, les sommes épargnées sont versées sous forme de rente ou de capital. À noter que même si l'assurance-vie est souscrite afin de financer sa retraite, il est tout à fait possible d'effectuer des retraits anticipés en effectuant une demande de rachat total ou partiel du contrat.

Astuce n°9 : Optimisez vos impôts

Chacun le sait: tous les revenus issus d'une activité professionnelle non indépendante ou indépendante sont soumis à l'impôt. En fait, toutes les personnes imposables avec le même revenu et la même situation de vie devraient payer un impôt du même montant.

Et, naturellement, nous rechignons tous à payer autant d'impôts quand vient le temps de le faire. Bien sûr, l'impôt est essentiel pour le bon fonctionnement des institutions de l'Etat (Ecoles, Hôpitaux, Voiries, etc…) et nous finissons tous, peu ou prou, par bénéficier des avantages de cet impôt. Cependant, cela nous semble toujours très dur de débourser autant d'argent, fruit de notre labeur de toute une année, et c'est bien normal.

Rassurez-vous, il est toujours possible, quel que soit votre pays de résidence, d'optimiser vos impôts. C'est légal, et souvent relativement simple. Mais attention: les solutions envisageables s'accompagnent généralement de risques, qu'il convient d'accepter avant de franchir le pas. Car pour limiter la charge fiscale, il faut souvent investir. Autrement dit, il s'agit de tenter de maximiser le couple réduction d'impôt et rendement de son investissement.

Vous pouvez, par exemple, entretenir votre bien immobilier : Afin de réduire un peu sa facture fiscale, rien de mieux que de réaliser quelques travaux à votre domicile principal ou dans votre résidence secondaire. Ce moyen, certes, vous fera dépenser de l'argent, mais au moins vous en profiterez. Retaper les salles de bains ou repeindre sa cuisine, c'est un moyen d'en jouir tout en maintenant la valeur de son bien immobilier.

Une autre méthode d'optimisation fiscale intéressante consiste à acquérir un bien immobilier de quelques années nécessitant des travaux de rafraîchissement. Comme indiqué plus haut, les frais de rénovation sont déductibles. L'acquisition du bien immobilier doit être prévue dans un but de maintien du patrimoine à long terme, notamment en louant un nouvel objet, et non en espérant en retirer un gain immédiat à la vente car, attention, vous pouvez en faisant cela, attirer l'attention du FISC qui peut vous considérer comme un « professionnel de l'immobilier ».

Si les taux d'intérêt dans votre pays de résidence sont bas, il peut s'avérer intéressant d'augmenter son endettement hypothécaire. Cet argent peut être utilisé soit pour renflouer sa caisse de pension, soit pour acheter un bien, soit pour faire les travaux de maintenance de sa maison, par exemple. Dans tous les cas, cette stratégie permet de diminuer les impôts sur le revenu. Cependant, certains experts estiment qu'il ne s'agit pas d'une réelle économie fiscale, mais plutôt d'un « décalage », puisqu'il y a quand même des intérêts hypothécaires à payer et qu'il faudra bien un jour ou l'autre rembourser sa dette.

De façon plus générale, je vous conseille vraiment de vous tenir informés du cadre légal et fiscal de votre pays de résidence afin de déceler les éventuelles opportunités ainsi que les changements de lois (favorables ou défavorables) qui peuvent impacter votre imposition.

La plupart des gens sont intimidés par les textes de lois et tombent dans des pièges faciles à éviter à cause de cela. Se tenir informé, c'est pouvoir vivre sereinement car vous saurez que vous respectez la loi et que vous profitez de tout mécanisme légal susceptible de vous faire gagner de l'argent.

Astuce n°10 : Parlez d'argent, sans tabous

Pour je ne sais quelle raison, la plupart des êtres-humains sur cette planète considèrent que parler d'argent c'est transgresser un tabou honteux. Paradoxalement, j'ai l'impression que l'immense majorité des êtres-humains sur cette planète ont plus ou moins besoin d'argent de façon régulière et que l'argent occupe une immense part de leurs préoccupations quotidiennes.

Alors, mon dernier conseil, qui peut paraître abscond à première vue, c'est qu'il nous faut tous apprendre à parler d'argent sans honte ni pudeur.

Tout cela dans un but bien simple : *Cultiver, partout, une meilleure éducation financière.*

En effet, le tabou que je viens de vous décrire s'accompagne d'une dramatique ignorance, même chez les personnes les plus diplômées (*médecins, ingénieurs, physiciens, …*) des principes de bonne gestion financière. Nos universités, et nos écoles ont rarement cru bon de prodiguer des leçons de « *finances personnelles* », de sorte que, hormis les magnats de la finance et de la banque, nous soyons pratiquement tous plongés dans les ténèbres de l'ignorance quand il s'agit de gérer ce qui articule le plus nos vies. Etrange paradoxe s'il en est.

Cette « *ignorance* » pour laquelle personne ne peut nous blâmer fait que nous avons, pour la plupart, une peur bleue de l'argent. Le sujet nous fait honte et faire face à nos contraintes financières nous intimide.

Parler sans tabous de l'argent autour de vous, en famille et entre amis, c'est dédramatiser le sujet et en faire un centre d'intérêt. Bien évidemment, il ne s'agit pas de fanfaronner, de porter un discours purement matérialiste ou d'en faire le sujet unique de vos discussions mais plutôt y accorder une place plus importante dans vos discussions du quotidien.

Ainsi faisant, vous serez également amenés à lire sur le sujet (*comme c'est le cas à présent*) et donc de renforcer votre culture financière. Aussi vrai que ce livre a pu (*je l'espère*) attirer votre attention sur un quelconque aspect de vos finances personnelles, toutes vos lectures sur le sujet vous permettront à coup sûr, d'identifier certaines problématiques et de les dénouer pour, au final, ressentir un mieux véritable sur votre situation économique.

Je conseille également aux parents d'apprendre à leurs enfants à bien gérer leur argent, c'est une question fondamentale pour leur avenir, soyez-en sûrs. Faire un budget hebdomadaire pour la famille, comprendre les différents postes de dépenses, anticiper les coups durs… Une bonne éducation financière commence dès le plus jeune âge et permettra à vos enfants d'aborder le sujet de façon sereine et détendue.

Je ne saurais insister, afin de nuancer mes propos et écarter tout risque de mauvaise interprétation, sur le fait qu'il ne s'agit nullement d'aimer l'argent pour ce qu'il est. Souvenez-vous qu'il n'est que le moyen dont nous disposons pour améliorer notre confort matériel et pour remplir nos vies d'expériences et de possibilités.

Conclusion

Si vous êtes arrivé à ce chapitre, il y a fort à parier que vous ayez lu tous les conseils présentés dans ce livre. Si oui, quelle est votre réaction ? Cela vous a-t-il encouragé ? Motivé ? Inspiré ? Poussé à l'action ?

En conclusion, j'aimerais vous donner quelques petites astuces supplémentaires.

- Prenez soin des objets que vous avez ; cela vous évitera d'avoir à les remplacer ou les réparer.
- Dans votre foyer, demandez à participer à l'établissement du budget mensuel.
- Avant d'acheter quoi que ce soit, réfléchissez ! Quel est votre manque à gagner ? Quel est votre avantage ? Cette dépense est-elle vraiment nécessaire ?
- Vérifiez toujours que le total figure sur le bordereau de votre carte de crédit avant de la signer.
- Conservez toutes les garanties.
- Ne vous laissez pas berner par un joli packaging ; c'est ce qu'il y'a à l'intérieur que vous utilisez.
- Faites votre shopping hors saison ; par exemple, les skis en avril, les climatiseurs en Décembre.
- Lisez attentivement les instructions (sur les vêtements, par exemple) de façon à ne pas abîmer les choses accidentellement.
- Résistez à la pression exercée par vos amis, souvent mauvais influenceurs quand il s'agit d'achats inutiles.
- Évitez les achats impulsifs.

- Faites vos courses avec une liste ; aussi souvent que possible, sachez ce que vous allez acheter avant de partir.
- Si vous le pouvez, ne suivez jamais la mode : Elle se démode et votre argent sera parti pour de bon.
- Comparez les prix.
- Veillez à mettre de côté une partie de vos revenus.
- Si vous avez un doute, réfléchissez (soyez fataliste — si vous ne pouvez pas avoir la chose en question maintenant et qu'elle n'est plus là ensuite, c'est qu'elle ne vous était pas destinée).
- Ne soyez jamais pressé d'acheter, surtout pour les achats importants.
- Gardez toujours de l'argent de côté pour les imprévus, ils arriveront.
- Regardez la vérité en face, même si elle est triste ; soyez honnête avec vous-même pour ce qui est de vos finances.
- Payez vos échéances en temps voulu, mais pas avant la date buttoir.
- Veillez toujours à acheter ce qui vous convient le mieux

J'espère vraiment que vous en êtes maintenant arrivé à la conclusion que le temps était venu de prendre en main (*si ce n'est déjà fait*) et de réorganiser vos finances de sorte que votre argent rapporte et que les choses aillent dans le sens de vos ambitions. Si vous êtes discipliné aujourd'hui, vous serez davantage en mesure de planifier votre avenir financier sereinement. Cela n'a pas de prix, croyez-moi !

La vie est courte. Et il nous appartient, en grande partie, de faire en sorte qu'elle soit la plus agréable et la plus riche possible. Les bonheurs simples de la vie, tels que se promener en forêt, nager dans un lac, admirer un coucher de soleil, sont heureusement gratuits et accessibles à nous tous. Quant à ces autres « *extras* » que vous pourriez désirer afin que la vie soit plus agréable, pour vous et pour votre famille, nécessitent de travailler dur et d'être discipliné. Travaillez de façon à éviter les tracas et les problèmes financiers. Organisez vos finances et bâtissez votre avenir sur des bases saines et durables.

Après tout, lorsque la chance se présentera à votre porte, vous voudrez sans doute être là, l'accueillant à bras ouverts.

Bonne chance, soyez heureux !

www.ingramcontent.com/pod-product-compliance
Lightning Source LLC
Chambersburg PA
CBHW021933170526
45157CB00005B/2301